LA RADIO
MICHEL MATHE

LES ESSENTIELS MILAN

Sommaire

Les mots suivis d'un astérisque (*) sont expliqués dans « les mots de la radio ».

Fidèle au poste

Du haut de leurs antennes, un siècle d'ondes radioélectriques nous traversent.

Des expériences de Guglielmo Marconi aux satellites qui croisent là-haut, au-dessus de nos récepteurs, combien de messages la radio a-t-elle transportés pour nous faire vibrer à l'écoute du monde ?

Elle nous fit trembler en 1938 lorsque Orson Welles joua à l'apprenti sorcier du canular sur CBS, ou nous gonfla d'espoir lorsque le général de Gaulle, des studios de la BBC, lança son appel en juin 1940.

Indissociable de la musique, elle nous apporta le jazz au sortir de la guerre, elle nous baigna de pop music pendant les « Trente Glorieuses » et rythme aujourd'hui de sons électroniques le moindre de nos déplacements. Le média de l'imaginaire et de l'instant fit résonner dans nos têtes chaque événement de ce vingtième siècle.

Si la radio peut faire le tour de la planète en moins d'une seconde, le tour de la radio, lui, vaut bien quelques chapitres, qui essaieront, comme elle, d'aller… à l'essentiel.

Les sorciers de la TSF

Les ondes radioélectriques existaient bien avant les hommes, mais c'est grâce à leurs recherches, durant le siècle dernier, que la radio a pu naître.

Édouard Branly détecte les ondes radioélectriques grâce à son « cohéreur à limaille ».

Télégraphe et téléphone

À la fin du XIXe siècle, les communications entre les hommes s'accélèrent. Le télégraphe, démontré par l'Américain Samuel Morse en 1832, permet déjà, par câble, de transmettre des informations électriques codées sous forme de signaux courts et longs. Ces signaux, constitués en véritable alphabet, prennent le nom de l'inventeur. Les premières lignes télégraphiques sont installées au milieu du siècle. En 1876, Alexander Graham Bell invente le téléphone qui permettra désormais de capter, transformer et conduire la voix humaine sous forme d'impulsions électriques.

De l'électricité dans l'air

Les ondes radioélectriques font d'abord l'objet d'une hypothèse scientifique communiquée en 1867 par le physicien écossais James Clerk Maxwell. Elles doivent, selon lui, être de la même nature que les ondes lumineuses. C'est cependant Heinrich Hertz, scientifique allemand, qui en démontre l'existence en 1888. Son expérience consiste à reproduire une étincelle à distance dans un éclateur grâce à un premier système d'émission de signaux électriques dans l'air. Désormais, les ondes radioélectriques portent son nom.

Édouard Branly, professeur à l'Institut catholique de Paris, améliore le dispositif de Hertz. Son appareil, le cohéreur à limaille, détecte les signaux radioélectriques de façon beaucoup plus sensible. L'ingénieur russe Alexandre Stépanovitch Popov adjoint l'antenne à ces systèmes et réussit en 1895 à transmettre des signaux en morse sur quelques mètres.

Guglielmo Marconi, génial inventeur italien, imagine le premier la possibilité de la télégraphie sans fil.

Mais Guglielmo Marconi, génial inventeur italien, imagine le premier la possibilité de la télégraphie sans fil. Au moyen d'un puissant émetteur, il réussit à transmettre, en 1895, un message télégraphique « au-delà de l'horizon ». Lorsqu'il dépose le brevet en 1896, l'aventure peut commencer.

De la TSF à la radiodiffusion

Marconi, habile homme d'affaire, mais piètre visionnaire, ne perçoit dans son invention qu'un moyen de communication destiné en priorité aux compagnies maritimes. Il fonde un empire industriel autour de sa découverte ; mais il faut attendre l'invention de la diode par Fleming et les améliorations de Reginald Fessenden pour transmettre la voix et le son à distance. On doit à ce dernier la première émission radiophonique, le soir de Noël 1906 ; seuls les bateaux équipés de son système peuvent toutefois capter son programme.

En 1907, Lee de Forest, ingénieur américain, perfectionne les lampes afin de transmettre et recevoir la voix humaine. À la différence de Marconi, il voit dans son invention la possibilité d'amener la musique et la voix dans chaque foyer. La radiodiffusion est née.

Entre les hypothèses scientifiques de l'Anglais Maxwell et la radiodiffusion dans sa forme définitive, les expériences de Marconi rendent possible l'invention de la TSF.

La diffusion hertzienne

AM, FM, RDS, DAB, autant de sigles barbares pour définir des techniques d'émission hertzienne. Deux préoccupations animent les chercheurs depuis les débuts de la radio : améliorer le confort d'écoute, et augmenter la portée de l'émission.

Modulation d'amplitude : petit son, longue portée

Les premières radios commencent à émettre en modulation d'amplitude sur ondes longues et moyennes pour les radios nationales, et sur ondes courtes pour les radios internationales.

Les ondes longues se propagent en suivant le relief terrestre, alors que les moyennes et les courtes se réfléchissent alternativement sur la terre et l'atmosphère pour les premières, sur l'ionosphère pour les secondes. Si la modulation d'amplitude porte loin, la qualité du son laisse à désirer. Jusqu'à la fin des années 70, la radio est principalement écoutée en modulation d'amplitude.

Une bande fréquentée

Mise en œuvre par les Américains dans les années 40,

Première installation de Radio Normandie à Fécamp. Les ondes passent ou l'émetteur casse.

la modulation de fréquence permet d'émettre dans des fréquences radioélectriques plus élevées.

La qualité du son est proche de la haute fidélité, la « FM » diffusant dans la presque totalité de la gamme de fréquences perceptibles par l'homme. Envisagée en France à ses débuts pour la diffusion de musique classique, la bande de fréquence réservée à l'émission FM fait l'objet d'une conquête à la fin des années 70, et pour cause : la construction ou l'achat d'un émetteur en FM est nettement accessible au particulier.

Mais la FM ne porte pas aussi loin que la modulation d'amplitude. Peu utilisée en

France avant les années 80, elle est réservée à des diffusions sur des rayons d'une centaine de kilomètres, dans le meilleur des cas. De plus, la FM ne surmonte pas les obstacles. Un relief trop élevé ou une barre d'immeubles peuvent l'arrêter, et il est fréquent pour les émetteurs FM d'avoir des « zones d'ombre » derrière ces obstacles. Les radios de montagnes bénéficient de réémetteurs pour parer à ces aléas de la diffusion.

Radio Data System, l'auxiliaire de l'automobile

Les auditeurs écoutent majoritairement la radio dans leur automobile. Mais, si la modulation de fréquence apporte un confort d'écoute notable, le problème des longues distances se pose car elle ne peut, on l'a vu, diffuser sur un rayon important. L'automobiliste disposant d'un poste muni du *Radio Data System* peut se caler sur sa station préférée en début de parcours : son récepteur cherche automatiquement la meilleure fréquence de réception.

Digital Audio Broadcast, la radio de l'an 2000

Sous l'appellation *Digital Audio Broadcast* (DAB) se cache la radio de demain. De sa fabrication par les techniciens des stations à sa réception, en passant par son émission, elle sera codée, de la même façon que les CD aujourd'hui, en système binaire. Outre la qualité du son qui devrait atteindre son apogée, des services additionnels seront proposés aux auditeurs. En cours d'émission, chacun pourra, par exemple, dans des cadrans réservés à cet usage, savoir le nom de l'animateur, de son invité ou le titre de la chanson qui passe et le nom de l'artiste.

Le DAB constitue un des enjeux technologiques majeurs de la radio de la fin du siècle, mais signe peut-être l'arrêt de mort des petites radios qui ne pourront se payer le ticket d'accès aux satellites.

Publicité pour
les appareils
de Lucien Lévy,
ingénieur
et fondateur de
Radio LL
(vers 1924).

La radio a commencé par ramper sur le sol avec les ondes longues, elle finira par indiquer le titre du « tube » qui tourne autour de la planète.

Visite des installations

De l'animateur solitaire face à son micro à l'auditeur, coincé dans son automobile, existe une chaîne technique. La magie des ondes relève d'un assemblage minutieux de postes de travail et de machines sophistiquées.

L'aquarium de l'animateur

La cabine dans laquelle parlent les animateurs et les journalistes bénéficie d'une isolation et d'une correction acoustique. Chaque station a ses secrets pour induire, grâce aux matériaux dont sont revêtues les parois de cette pièce, une réverbération* particulière. De la table de ce studio, premier nœud technique, les micros et les casques sont connectés à la régie. De plus, un système indépendant permet des communications avec la régie en cours d'émission. Une baie vitrée sépare cette cabine de la régie.

Le poste de pilotage

Dans la régie, centre nerveux de la réalisation, la console

de mixage reçoit toutes les sources sonores :
– les micros du studio ;
– les magnétophones à bande magnétique sur lesquels sont enregistrés les reportages ;
– les lecteurs de disques compacts et, de plus en plus rarement, des tourne-disques ;
– les machines à *jingles**, des lecteurs de cartouches magnétiques, qui permettent de diffuser de courtes séquences destinées à l'habillage d'une émission ;
– une ou plusieurs lignes téléphoniques pour recevoir les appels d'auditeurs ou de correspondants à l'extérieur.
Le technicien-régisseur mélange ces sources dans un ordre établi à l'avance et consigné sur une feuille de route : le conducteur. On trouve de plus en plus des studios

piloté par des ordinateurs. Un programme conçu à l'avance pourra être déclenché, par exemple de nuit, sans aucune intervention humaine. Le programme mixé dans cette cabine peut ensuite passer au traitement sonore.

Le laboratoire central

Certaines stations possèdent plusieurs studios. Ceux-ci convergent vers un centre de modulation à partir duquel ils sont envoyés alternativement vers l'antenne. À ce stade, on vérifie la qualité du son produit par les studios et on procède à son traitement. Chaque station, là encore, tient à identifier ses émissions par une couleur sonore particulière. Le traitement écrête les sons trop forts, écarte plus ou moins la stéréophonie, dose l'équilibre entre les graves et les aigus et lui adjoint des effets psychoacoustiques. Ainsi, l'auditeur reconnaît sa radio du premier coup d'oreille. Gonflé et sculpté, le signal est acheminé vers le codage.

En route vers l'espace

Dans l'émetteur, le son est transformé en impulsions radioélectriques. C'est le passage des basses aux hautes fréquences. Ainsi codé, par câbles ou par faisceaux hertziens, les antennes le confient à l'air. Les grandes stations envoient vers un satellite une ou plusieurs hautes fréquences qui seront captées par des réémetteurs locaux. Sur ce principe fonctionnent les réseaux nationaux voire parfois intercontinentaux.

Avant de « sonner » dans le transistor, la voix de l'animateur passe dans les filtres de la régie, d'un centre de traitement et de modulation du son, de façon que l'espace et l'auditeur aient le privilège de la qualité.

FORMES **ENJEUX** **APPROFONDIR**

Du rouleau au disque dur

Les studios radio ont une légère avance sur les équipements domestiques. Le siècle de la radio a vu l'évolution de l'enregistrement et la conservation du son.

Étiquettes de disques 78 tours.

Les rouleaux de mon grand-père

Les premiers enregistrements radiophoniques étaient conservés sur rouleaux. Cette technologie de gravure à même des cylindres de métal permet de graver des disques comme des reportages. Seul inconvénient, mais de taille, la reproduction en série n'existe pas. Les matrices servant à la reproduction ne vont arriver que plus tard, dans les années 20, avec l'apparition du disque de cire.

Les cires de mon père

Le studio radiophonique des années 30 aux années 50 est constitué de micros de prise de son, d'une console de mélange* et d'appareils de gravure de disque sur cire. Chaque émission – et même chaque fragment d'émission – fait l'objet d'une gravure en sortie de console. Le montage se révèle donc, à l'époque, un exercice de haute voltige technique, où seuls la superposition et l'enchaînement de disques gravés, difficiles à manier, peuvent conduire à l'élaboration d'une émission. Pierre Schaeffer, un créateur comme la radio en produit parfois, détourne l'utilisation des disques sur cires et débouche sur des expérimentations qui prennent bientôt le nom de musique concrète. Mais c'est avec le microsillon et la bande magnétique que la radio connaît sa grande révolution.

Les vinyles de ma grande sœur

Le disque microsillon*, fruit de la recherche américaine, permet la gravure et la reproduction en grande série de sons sur un support de vinyle. En outre, la finesse du sillon et sa fidélité de son vont permettre d'y enregistrer, sur des durées plus allongées, des musiques de grande dynamique*. Le 45 tours va faire les beaux jours de la radio des années 50, et le profit des maisons de disques qui vendent aux *teenagers* les tubes que, déjà, les stations serinent à longueur d'antenne.

Avec la bande magnétique, c'est le reportage qui se transforme. Il était jusque-là conditionné par la lourdeur des machines à graver sur cire qui nécessitent le transport par véhicule. La bande, bientôt relayée par l'invention du *Nagra*, donne au reporter radio la clé des champs. Invention du polonais Stephan Kudielski, le magnétophone de reportage *Nagra* (« Il enregistre » en polonais) ne permet rien moins que de partir avec son magnétophone à l'épaule. De plus, cette bande magnétique peut se couper de la même manière qu'une pellicule cinématographique. La forme radiophonique s'en trouve bouleversée. Le montage, donc le nettoyage des scories du son d'abord, et la réorganisation de l'enregistrement ensuite, contribue à accélérer le rythme des programmes.

Les studios de la Radiodiffusion française en 1948, une « usine à gaz » avec lecteurs de disques de cire.

Ma collection de CD

La pleine utilisation en France de la bande en modulation de fréquence correspond à l'apparition des techniques de gravure et de reproduction du son en code numérique. En clair, les radios FM ont vendu la technologie du CD. La rapidité d'accès aux plages sonores des disques compacts accélère une fois encore les programmes radio. Les machines de studio peuvent reconnaître des dizaines de mémoires sur un CD. Mieux, avec la technique des cassettes numériques DAT (*Digital Audio Tape*), le reporter peut enregistrer directement avec la même qualité qu'un CD, effectuer son montage sur un ordinateur et, bientôt, diffuser grâce au même codage binaire.

La radio parfaite ?

Du cylindre originel qui grave les exemplaires à l'unité à la mémoire de l'ordinateur de montage, un seul point commun : la radio est unique !

La radio - 11

FORMES   ENJEUX   APPROFONDIR

Le look des ondes

Les évolutions technologiques s'accompagnent d'un renouvellement du *design*. La radio ne fait pas exception.
Du meuble familial, il ne reste qu'un circuit imprimé, à peine enrobé d'un rien de plastique.

Le raffinement n'est pas exclu de ce poste guéridon Solovox en citronnier datant des années 30, le récepteur en haut, le haut-parleur dans le pied.

La fin de la radio de papa

Si la radio trônait dans la pièce principale du foyer jusqu'aux années 50, c'est que les lampes d'amplification, fragiles et volumineuses, empêchaient tout déplacement du récepteur. L'avènement du transistor* réduit le volume du poste, et la diminution du chauffage qu'occasionnaient les lampes favorise l'emploi de matières plastiques. Le poste part en balade, juste accompagné d'un nécessaire jeu de piles. Les *designers* s'en donnent à cœur joie, créant des formes adaptées à chaque membre de la famille.

Une disparition annoncée

La miniaturisation par le circuit imprimé va beaucoup plus loin. Pas plus gros qu'une carte de crédit, le récepteur devient un objet de consommation courante, produit à bon marché. L'emploi de casques ou d'écouteurs réduit la radio à sa plus simple expression : elle n'est presque plus visible,

Du dernier cri sur la table en formica ! (autour de 1955)

PUBL. RAPY

MICROPHONE 75-A DYNAMIQUE

Le Microphone de la Radiodiffusion Française

≡MELODIUM≡

296, RUE LECOURBE · PARIS 15ᵉ · VAU. 18-65

à l'image des ondes électromagnétiques. La qualité du son est telle que la radio parle directement dans la tête de l'auditeur.

Le plastique, c'est fantastique !

L'appareillage des stations de radio suit ce même mouvement.

Alors que la qualité du son se trouve améliorée par les découvertes, les machines d'abord construites en métal connaissent l'âge du plastique. Le reporter apprécie de pouvoir troquer le *Nagra* de dix kilos contre le magnétophone numérique de 500 grammes.

Plus fonctionnel, le microphone, d'abord accroché à son lourd support, s'allège et devient bien plus maniable, un soulagement pour les journalistes abonnés aux interminables reportages.

En bas :
l'un des premiers transistors portables, pour bricoler dans le garage et rêver dans le grenier...

Jolis postes de bois, fidèles circuits imprimés ! Quelle joie vous fîtes aux *designers*, quels bénéfices engrangez-vous pour les constructeurs !

FORMES | ENJEUX | APPROFONDIR

L'avant-garde prend ses marques

Les visionnaires comprennent très vite qu'avec la radio, un média d'argent et de pouvoir est en train de naître. Les premières stations sont avant tout des aventures financières.

Par ici les gros sous !

Il faut attendre 1922 pour voir naître la première radio en France. Aux États-Unis, KDKA, pionnière des stations, fonctionne déjà depuis deux ans. RCA, dont elle est la filiale, a eu l'idée de construire des postes récepteurs et de créer une station pour en assurer la vente.

Sur l'antenne de la tour Eiffel, propriété de l'armée, on commence timidement à émettre des informations de service : Bourse et météo. Émile Girardeau, ingénieur en radio-électricité et propriétaire de la SFR (Société Française de Radio-électricité) rapporte d'Amérique l'idée de concentration horizontale. Ainsi naît Radiola, la première station française animée par… Radiolo, alias Marcel Laporte, premier speaker* de la radio.

La ruée vers l'onde

L'état décrète son monopole sur les ondes, mais il autorise les stations privées. S'engouffrent dans la brèche Radio LL, créée par Lucien Lévy, un ingénieur en radio-électricité, puis le Poste Parisien, à l'initiative du journal *Le Petit Parisien*. D'autres encore vont suivre, à l'initiative de l'état ou de grands groupes financiers. Ainsi voit le jour Radio-Luxembourg, station privée, chargée de contrebalancer la déjà gênante voix d'outre-Rhin, et que l'agence Havas, sûre alliée de l'État, soutient en créant pour elle la régie « Information et Publicité ».

Le nerf d'avant-guerre

On sait que la radio coûte cher. Aussi la publicité est-elle déjà la première source de financement des programmes. D'ailleurs, pour concentrer les moyens,

EMISSIONS RADIO-PARIS

POSTE DE CLICHY
AUDITORIUM DE PARIS
79, 59 HAUSSMANN

12ʰ30 16ʰ30 20ʰ30
Le Dimanche à 12ʰ45 16ʰ45 20ʰ30

INFORMATIONS DE PRESSE
BOURSE DE PARIS·RESULTATS
DES COURSES·RADIO-CONCERTS
QUATRE RADIO-DANCINGS PAR SEMAINE
N'EMPLOYEZ QUE DES LAMPES ESTAMPILLÉES·G·D·E·R

Chers auditeurs, ne quittez pas l'écoute car dans quelques minutes vous entendrez le bulletin parlé !

le publicitaire Marcel Bleustein-Blanchet, fondateur de l'agence de publicité Publicis, reprend Radio LL et la rebaptise Radio Cité. Elle devient une des principales stations de l'avant-guerre. Les stations d'État, sous la tutelle du ministère des PTT, sont quant à elles financées par une redevance qu'institue Georges Mandel en 1933.

Écoutez la différence !

Déjà, entre les radios publiques et privées, la différence se précise. Les premières, plus académiques, veulent cultiver leur public et proposent des entretiens avec des écrivains, des retransmissions de pièces de théâtre et de concerts de musique classique. Les secondes ne s'embarrassent pas de prétentions culturelles et diffusent des programmes de variétés et de jeux, ce qui assure leur succès. La Deuxième Guerre mondiale va bouleverser à la fois le paysage radiophonique et le rapport des auditeurs avec leur poste.

Puisqu'il faut inventer la radio, place aux visionnaires, aux affairistes et aux copieurs. Les balbutiements sont avant tout bon enfant. On pardonne tout à ceux qui inventent, d'autant que leur marmite a fait les bonnes soupes d'aujourd'hui.

Ici Londres, Radio Paris ment !

Puissante arme stratégique, la radio est au centre des opérations durant la Deuxième Guerre mondiale. Les Français se souviennent de la BBC et des quatre notes de la *Cinquième*, passées à la moulinette du brouillage.

Tout va très bien, Madame la Marquise...

Avant la Deuxième Guerre mondiale, la France compte un récepteur pour huit personnes (donc environ cinq millions). Déjà, nombre de Français se tournent vers les programmes de la BBC anglaise, préférant le sérieux de ses bulletins aux informations floues de la Radiodiffusion française. Sur les ondes, l'orchestre de Ray Ventura chante avec ironie le célèbre refrain, annonciateur de prochaines catastrophes.

Le 17 juin 1940, le maréchal Pétain annonce la reddition de la France. Dès le lendemain, de Londres, le général de Gaulle réplique, sur les ondes de la BBC, par son célèbre appel à la résistance. Alors que l'occupant avance, la plupart des stations sabordent leurs installations pour éviter de les voir tomber aux mains des nazis.

Charles de Gaulle à la BBC.
La voix du général « radio », un vaste programme !

La belle équipe

Autour de Maurice Schumann se constitue une équipe de journalistes et de comédiens. Ils vont, chaque soir, pendant toute la guerre, animer l'émission : « La France parle aux Français ». Comme ils ont remarqué que dans l'alphabet morse, la lettre V (V comme victoire) se décline en trois points et un trait, cette similitude avec les premières notes de la *Cinquième Symphonie* de Beethoven leur inspire leur indicatif.

Les Anglais ne sont pas dupes, ils savent qu'avec une tranche quotidienne accordée à cette équipe, ils contribuent à donner au général de Gaulle une importance dont il ne peut, militairement, se prévaloir. Un censeur anglais installé dans le studio peut d'ailleurs interrompre à tout moment le programme.

Nouvelles d'outre-Manche

Dans les programmes de l'émission réservée au français, on entend des discours patriotiques de Maurice Schumann, le courrier des auditeurs de Jacques Borel ou des sketches, ironiques et déjà absurdes, de Pierre Dac. Le succès des programmes de la BBC pendant la guerre vient de ce qu'ils ne cachent pas la réalité. Lorsque les troupes alliées subissent des revers, les animateurs annoncent qu'« aujourd'hui, les nouvelles sont mauvaises ».

Jean-Hérold Pâquis sur Radio Paris : « Londres, comme Carthage, doit être détruite ».

En 1942, le rapport de force s'inverse. Les programmes de la BBC vont servir à mobiliser pour l'offensive finale, et l'émission s'émaille de messages personnels qui sont autant de signaux codés à l'intention des réseaux de résistance. Sur les ondes de Radio Paris, Philippe Henriot et Jean-Hérold Pâquis fustigent les programmes de la BBC mais sont, en retour, la proie des attaques de l'équipe. « Radio Paris ment, Radio Paris est allemand » chantent les animateurs expatriés sur l'air de « la Cucaracha ».

« Les sanglots longs des violons de l'automne »

Alors que la BBC fait face à un brouillage intense, un « message personnel » annonce que « Les sanglots longs des violons de l'automne bercent mon cœur d'une langueur monotone ». C'est le signal du débarquement, et il annonce une série de sabotages destinés à retarder la réaction de l'occupant allemand.

Lors de la libération de Paris, à l'aide d'un émetteur des forces américaines, Pierre Schaeffer commence une émission en demandant que l'on fasse sonner toutes les cloches de la ville. Chacun, au sortir du cauchemar, est convaincu de l'importance de la radio dans l'issue de la guerre.

Les ondes radiophoniques entrent en résistance. De futiles joueuses de musique de l'insouciante avant-guerre, elles deviennent d'indispensables messagères de l'espoir et de la libération. Mais le brouillage est persistant.

Des périphériques plantées à nos portes

Leurs émetteurs ne sont pas implantés sur le territoire, mais leurs programmes, eux, sont bel et bien destinés à la France et à ses annonceurs publicitaires. Les radios périphériques ont fait les beaux jours de la radio des « Trente Glorieuses ».

1945-1955, la reconstruction

Au sortir de la guerre, Radio-Luxembourg, qui a sabordé ses équipements en 1940, bénéficie d'une tolérance vis-à-vis du monopole d'état de radiodiffusion. Son émetteur, basé dans le grand-duché, arrose le nord du pays, relayé au sud par celui de Radio Monte-Carlo, la radio monégasque, créée avec des capitaux italiens durant l'Occupation, ne servant que de réémetteur.

La France panse ses plaies et veut s'amuser, aussi une grande place est-elle accordée aux variétés, aux jeux et aux chansonniers*, eux-mêmes sponsorisés par la publicité.

De ses studios, installés au 22 rue Bayard à Paris, Radio-Luxembourg dispense à satiété des programmes de divertissement et se place tranquillement devant les radios d'État.

1955-1965, la révolution

Au milieu de l'année 1955, une nouvelle venue, Europe 1, fait entendre sa voix ; pour contourner la loi sur le monopole, son émetteur est en Allemagne.

Fini le doux ronron des speakers empesés, des feuilletons mièvres et du public familial. La radio vient de bénéficier de plusieurs apports technologiques, Europe 1 les exploite :

– ses bulletins d'information privilégient l'image sonore choc grâce au magnétophone de reportage Nagra ;

– le remplacement des grosses lampes par le transistor permet de fabriquer des récepteurs bon marché que chaque membre de la famille possède et écoute à ses heures ;

Pratiques douteuses
Ancien des périphériques, Jean Yanne brosse un tableau peu reluisant des pratiques des radios commerciales dans les années 70 avec le film : *Tout le monde il est beau, tout le monde il est gentil*.

– l'importation du procédé de gravure microsillon* sur vinyle dope l'industrie discographique. La nouvelle génération (les Yéyés) trouve un écho favorable dans les programmes de la station de la rue François-Ier.

Europe 1 mène le peloton des radios avec des émissions ciblées. Radio-Luxembourg, vieillie, accuse le coup.

Le 45 tours, procédé technique ramené des États-Unis par Eddie Barclay, 2 minutes 35 de bonheur !

1965-1981, Ah, les cons ! (slogan de RTL)

Désormais, sur les ondes moyennes, quatre radios se partagent la manne publicitaire : RTL, Europe 1, RMC et Sud Radio.

La couverture sans concession des grands événements de l'époque donne du galon à ces périphériques. La radio d'État sous tutelle du ministère de l'Information ne rend que partiellement compte des changements de société alors que les reporters des deux stations concurrentes, magnétophone et téléphone en main, font entendre et commentent l'actualité. Le monde évolue, elles l'accompagnent : les émissions sur la sexualité, les débats sur des sujets jusque-là tabous éclosent sur les ondes.

Les invités, loin de toute complaisance, ne font plus l'objet de la déférence d'avant-guerre. Quant aux jeux, ils foisonnent ; il y a toujours quelque chose à gagner sur les ondes du réveil au coucher.

L'État, méfiant à l'égard de ces radios trop remuantes, rachète des parts de leur capital par l'intermédiaire de la SOFIRAD, holding financier d'État et de l'agence Havas.

Depuis la guerre, à chaque minute, il y a quelque chose à gagner sur les radios périphériques. Heureusement, les informations viennent quelquefois interrompre les pages de publicité.

Le plus grand réseau de radio du monde

Installée depuis 1963 dans la Maison Ronde des quais de Seine, surnommée le Palais Gruyère, la radio de service public répond aux missions originelles : informer, cultiver, éduquer, distraire.

La reconstruction des années 50

Lorsque le journaliste Pierre Crenesse lance sur les ondes le 22 août 1944 : « Ici la voix de la Radiodiffusion française », la radio de service public vient de naître. Plusieurs animateurs et journalistes des émissions londoniennes seront, cela va de soi, de la partie.

Le Programme national et le Programme parisien commencent à émettre, bientôt rejoints par la petite station Paris Inter. D'abord confidentielle, celle-ci devient le fer de lance de ce réseau. Les programmes font montre de goût, et parfois d'un intellectualisme qui détourne les auditeurs vers Radio-Luxembourg où l'on s'embarrasse moins de finesse.

Déjà, en 1954, la Radio Télédiffusion française inaugure un émetteur en FM pour diffuser quelques émissions prestigieuses, et l'on songe à regrouper toutes les stations et les services dans un seul et même lieu.

116, avenue du président-Kennedy

Au pas de charge, le général de Gaulle inaugure en 1963 la Maison Ronde, le Palais Gruyère dira-t-on plus tard, sur les bords de Seine. L'architecte Henry Bernard a prévu des salles de concert, de spectacle, des studios d'enregistrement et de diffusion, des cellules de montage et des bureaux dans la couronne de béton, d'aluminium et de verre. L'archivage prend sa place dans la tour centrale.

Savant mélange de culture et de curiosité, le service public peut se targuer aujourd'hui de l'écoute quotidienne de douze millions de personnes.

Portrait de famille

France Inter, en tête du groupe Radio France, amène avec elle ses deux petites sœurs, France Culture et France Musique.

Seule radio européenne spécialisée "*All-News*" (tout-information), la benjamine France Info émet depuis 87. On peut y saisir la frénésie du monde au rythme des dépêches qui tombent, chute bruyamment accentuée par une mise en ondes* tonitruante, avec force *jingles* et voix péremptoires.

Le fil musical « d'environnement urbain » FIP, créé en 1971 par Jean Garreto, adoucit le stress des embouteillages par la grâce d'une programmation sans heurts et des voix érotisées des animatrices. « Si vous êtes sur le périphérique à hauteur de la Porte d'Orléans, vous circulez au pas depuis une heure, ne perdez pas patience ! » sussurent-elles avec ironie.

Prévenant l'explosion de la FM et la création inéluctable de radios locales, le groupe crée, dès 1979, un réseau de radios décentralisées en régions. Elles sont trente-neuf qui parlent aux « gens d'ici » et assurent une couverture de l'information sur l'ensemble du territoire pour les rédactions parisiennes. Le groupe possède un orchestre philarmonique, un chœur et même une formation chorale pour les enfants : la Maîtrise de Radio France.

Fascinante entreprise de plus de 3 000 personnes, ce service public de radio, « le plus important du monde », s'enorgueillit d'avoir créé, pour la musique, des normes de prises de son, et d'être aujourd'hui à la pointe de la recherche pour la radio numérique.

Au chapitre des services, c'est France Inter qui règle l'heure officielle de la SNCF et qui, seule, est habilitée à donner des informations en cas d'alerte nucléaire.

En bas :
depuis 1963,
la voix de la France
s'élève au-dessus
des bords de Seine.

La voix de la « France libre » continue d'émettre sur les ondes et, aujourd'hui, sur le satellite. De plus, elle invente la radio de qualité, un succès mesurable à ses 12 millions d'auditeurs.

La fin du monopole

Crispante, diverse, joyeuse, vendue, impertinente, autant de qualificatifs à propos de la bande FM qui depuis 1981 s'agite beaucoup. La conquête de l'auditoire jeune est à ce prix.

L'ère des pirates

Dès 1964, des radios pirates, dont la célèbre Radio Caroline, s'installent sur des bateaux en mer du Nord pour émettre vers l'Angleterre des programmes essentiellement musicaux. En Italie, ce sont en 1974 des radios proches de l'extrême gauche ou des radios franchement commerciales qui viennent concurrencer la radio d'État. À la fin des années 70, des émetteurs clandestins viennent troubler la bande FM sur laquelle seules France Culture et France Musique ont droit de cité. Se réclamant d'expression populaire, ils ne prétendent rien moins que de rendre la parole à ceux qui en ont été dépossédés.

Le monopole d'État auquel tient le pouvoir est mis en cause ; de 1977 à 1981, les radios pirates apparaissent, écologistes à Paris, ouvrières à Longwy, anarcho-gauchistes à Toulouse, et même proche du pouvoir à Montpellier. Malgré le brouillage et les saisies, rien n'arrête les pirates, et François Mitterrand, alors dans l'opposition, se voit même inculpé d'entrave au monopole. Les moyens sont limités, les formes aussi, qu'importe, il s'agit avant tout d'un combat dont l'issue, ces militants l'espèrent, se trouvera dans l'élection présidentielle.

NRJ fait sa loi
En 1986, menacée d'une suspension provisoire d'émettre pour surpuissance de ses émetteurs, NRJ organise à Paris une manifestation et renverse le rapport de force qui l'oppose à la loi.

L'abordage

L'arrivée du nouveau pouvoir en 1981 se traduit par une explosion sur la bande FM. Plus de huit cents radios naissent la première année. L'expérimentation est reine car de l'avis de certains, il faut tout réinventer, et passer outre les formats qui se sont imposés durant plus de quarante ans de monopole. Toutefois, le nouveau pouvoir refuse à ces radios l'accès aux ressources publicitaires, pour garantir leur indépendance, mais également

TECHNIQUES   HISTOIRES   LES MÉTIERS

pour protéger la presse quotidienne régionale.

En 1984, elles sont presque 2 000. Cependant, pour certains, l'expérience est déjà finie. Usées par des conditions matérielles précaires, regroupées entre elles, certaines petites radios commencent à rendre les armes. La publicité est finalement autorisée pour un secteur commercial, l'autre, associatif, bénéficie d'un fond d'État prélevé sur les recettes publicitaires des grands médias. La radio a le don d'attiser les passions ; certains groupes financiers se brûlent les ailes, d'autres profitent d'un insolent succès.

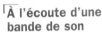

À l'écoute d'une bande de son

Aujourd'hui, on écoute sur la bande FM différents types de radios :

– les radios locales associatives, héritières du mouvement originel, au nombre de 600, font de l'information de proximité vers de petites communautés urbaines ou en milieu rural ;

– les radios commerciales locales, souvent implantées dans des villes moyennes, tentent d'appliquer les recettes des périphériques à petite échelle ;

– les radios thématiques commerciales diffusent de la musique et s'ajustent au gré des modes ; certaines redécouvrent le débat téléphonique qui faisait la joie des débuts de la FM ;

– les radios généralistes commerciales, en fait les anciennes périphériques, se sont installées aussi en modulation de fréquence sans pour autant lâcher leurs ondes moyennes ;

– le service public enfin, fort de ses radios nationales et locales, mêle ses multiples voix à ce concert.

Haro sur la bande FM, les pirates abordent le monopole à la fin des années 70. L'éléphant de la libération des ondes accouchera de la souris musicale.
Le bonheur est en stéréo, la radio ne tient plus qu'à un fil musical.

FORMES   ENJEUX   APPROFONDIR

L'information radiophonique

Immédiate, la radio bénéficie de la souplesse des programmes et de la mobilité de l'équipement pour couvrir les événements. Si elle se targue d'avoir la primauté de l'annonce, elle n'en reste pas moins lapidaire.

Menu du journal

Un bulletin d'information comporte plusieurs types de sujets :

– les « papiers », comptes rendus ou analyses, lus par le rédacteur qui les a écrits, sont appréciés pour la rapide synthèse d'un événement ;

– les reportages, instantanés sonores, présentés par le reporter qui les a recueillis ; leur intérêt réside dans la force de l'illustration : l'ambiance sonore du lieu de reportage, la spontanéité des témoignages, voire les parasites techniques, participent à leur mise en scène ;

– les invités en direct permettent à la rédaction d'inclure des points de vue extérieurs. La crédibilité d'un journal dépend du nombre d'opinions divergentes invitées à s'y faire entendre ;

– les infos « brèves », souvent collectées sur les terminaux d'agences de presse, sont choisies et réécrites selon le style de la station ;

– les rubriques de service comme la météo, la Bourse, la circulation routière ou les courses hippiques sont traitées par des journalistes spécialisés, souvent en direct du lieu d'où provient cette information.

Le sens de la hiérarchie

Tous les événements n'ont pas la même valeur, leur placement dans le journal se décide en fonction de plusieurs critères.

D'une manière générale, l'existence des rubriques emprunte au fonctionnement des institutions : à la politique internationale correspond le ministère des Affaires étrangères ; aux faits divers, l'appareil judiciaire ; à la vie politique, le système parlementaire, etc.

Clair, court et concis !
La radio est la plus abstraite et la plus rapide des formes d'information. Pour cette raison, elle requiert une forme simple et courte d'écriture. Des études ont démontré qu'au-delà de douze mots dans une phrase, seule une personne ayant fait des études supérieures peut comprendre et retenir un bulletin radio.

TECHNIQUES   HISTOIRES   LES MÉTIERS

À ces premiers critères s'ajoute un postulat : les affaires de la planète entière devraient fonctionner dans la plus grande harmonie, seuls les dysfonctionnements intéressent l'information.

Cependant, d'une rédaction à l'autre, l'ordre de passage diffère selon le public recherché.

Telle radio ouvrira son bulletin sur un fait divers sanglant lorsqu'une autre lui préférera un marronnier*.

À la vitesse du son

On dit que les journalistes écrivent l'histoire du présent. Ceux de la radio mettent l'instant en ondes. À l'aide du téléphone, un journaliste peut intervenir de l'autre bout de la planète pour annoncer ou commenter un événement crucial. Parfois au détriment de l'exactitude de l'information, l'auditeur devient témoin immédiat de la course du monde.

Cette rapidité de l'information électronique rétrécit la planète ; dans le même temps, elle accélère par contrecoup le rythme des journaux.

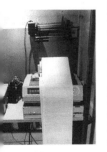

Un téléscripteur.

Lorsque la presse écrite accuse une journée de décalage pour rendre compte, le rédacteur en chef d'une radio peut instantanément décider du passage d'une annonce sur l'antenne.

De ce fait, le caractère urgent d'une information peut bousculer un sommaire établi à l'avance en conférence de rédaction.

Malgré le peu de traces qu'elle laisse dans la mémoire de l'auditeur, l'information radio peut toujours se prévaloir de la plus grande rapidité de couverture des événements qui font le quotidien.

FORMES   ENJEUX   APPROFONDIR

Ici Pétaouchnok, à vous les studios !

La Terre fait 40 000 kilomètres de circonférence mais un tremblement de terre au Japon n'est qu'à quelques minutes de nos oreilles. La ligne téléphonique est pour cela la meilleure amie de l'onde hertzienne.

Quelque part, au milieu de l'action

Au départ, il y a l'événement, tragique ou comique, il y a ce monde complexe qui n'en finit pas d'évoluer, de se construire et de se déchirer. À l'arrivée, il y a l'auditeur qui, lorsqu'il allume son récepteur, n'exige rien moins que d'être informé davantage sur des faits se déroulant aux antipodes que de la vie de son quartier.

Au milieu, la radio trie ces événements lointains. Quelques règles prévalent à cette belle ordonnance :

– plus une information fait appel aux premiers centres d'intérêt humains, plus elle a de chance de toucher l'auditeur. L'enfance, la famille, la mort concernent plus qu'une abstraction politique ;

– la loi du mort/kilomètre est certainement la plus cynique mais la plus vérifiable. Elle énonce que cent morts à l'autre bout de la Terre ont moins d'importance que dix au coin de la rue ;

– la mise en scène, enfin, du travail journalistique renforce le sentiment de gravité de la situation. La description du lieu de reportage et parfois même la difficulté d'accéder au centre des événements devient une information.

Une ligne très occupée

Avant de saisir la portée du message du correspondant posté à l'autre bout du monde ou en bas de la rue, le son du téléphone souligne l'urgence. Pas le temps de rentrer au studio pour venir expliquer aux auditeurs. Sur le lieu de l'événement, le correspondant raconte la situation telle qu'il vient de la vivre, il donne parfois même ses premières impressions à partir d'une cabine.

Le reportophone
Le direct en extérieur se transmet au moyen d'un « reportophone », véritable studio radio en réduction, que l'on raccorde au réseau téléphonique. Dès que le correspondant est connecté, il peut grâce à cet appareil envoyer vers le studio des interviews déjà enregistrées sur bande et des commentaires.

TECHNIQUES HISTOIRES LES MÉTIER

Le crachotement téléphonique, loin d'être un handicap, participe à la dramatisation de l'information et devient un élément de l'événement. Déformés par la faible définition sonore de la ligne téléphonique, les bruits alentour se chargent de sens. Le correspondant, en apparence gêné par le bruit extérieur, exploite au contraire l'environnement sonore pour y affirmer sa présence. Son volume vocal indique l'attention que l'on doit porter à ses paroles. La voix posée est synonyme de commentaire postérieur alors que, forcée, elle se situe dans le présent et l'exception.

Avant l'heure, après l'heure, c'est toujours l'heure des infos

La rapidité d'accès à l'antenne du correspondant dérègle le temps. La radio peut, en effet, entretenir le suspense d'un événement. Alors que l'action est achevée, les témoignages recueillis sur les lieux, les comptes rendus et les commentaires transmis par téléphone continuent de chauffer l'antenne. Le correspondant utilise cet artifice pour faire entendre le rythme de la planète au présent. L'auditeur, lui, ne peut relâcher son écoute qu'à la première pause, pour enfin revenir à son temps personnel.

Mai 68, les CRS et la « chienlit » en direct.
Les radios servent d'intermédiaire entre préfet de police et étudiants.

Grâce aux lignes téléphoniques, les sons de la planète peuvent continuer à nous émouvoir.
Le « village global » ne s'est rétréci qu'avec les voix des correspondants qui nous racontent les fractures du monde.

FORMES ENJEUX APPROFONDIR

L'animateur, un invité permanent

Lorsque s'achève le rôle du journaliste, chargé d'annoncer des informations vérifiables, alors s'ouvre le champ de l'animateur. Cabotin professionnel, il s'invite à heure fixe à l'attention d'un public de plus en plus volatile.

Plus près du public

Lorsqu'en 1955 Europe 1 impose le « meneur de jeu », le vénérable speaker de la radiodiffusion disparaît. Désormais, le « Chers z-auditeurs ! » est banni. Plus direct, l'animateur doit parler simplement, se rapprocher de son public. La miniaturisation de l'électronique a transformé l'écoute collective et solennelle de la famille entière en expérience individuelle et morcelée dans le temps aux côtés du transistor portable.

Une profession sans code

Il n'existe pas de définition légale de l'animateur radio, et c'est sous l'appellation de « saltimbanque » qu'il est enregistré dans la convention collective des métiers de l'audiovisuel et du spectacle. De même, aucune formation professionnelle ne prépare à cette fonction. Dans le monde de la radio, seule prévaut la loi de l'offre et de la demande.

C'est donc au talent et à l'opportunité que se joue une carrière. D'une station, voire d'une émission à l'autre, d'ailleurs, le terme d'animateur recouvre des pratiques très différentes, de l'écriture la plus fine à l'improvisation la plus débridée.

Des atouts pour réussir

Avant toute chose, l'animateur doit être doté d'une riche personnalité. Seul face à son micro, il ne s'adresse qu'à un individu. Fort de cet *a priori*, il lance, dès l'indicatif, une opération de séduction personnalisée. Le dispositif technique s'efface, il pénètre dans l'intimité de l'auditeur pour le cultiver, le distraire, et pourquoi pas l'informer. Son succès peut être le résultat de deux attitudes : soit il envoûte ses auditeurs par charisme, soit il s'en rapproche par ressemblance. S'il s'autorise des excès verbaux, il n'en reste pas moins lisible ; si le sujet qu'il aborde n'est pas nouveau, il sait en tirer un parti original ; s'il commence chaque jour son émission par la même formule, aucune lassitude ne transparaît dans sa voix ; et pour finir, il détient ce quelque chose en plus que l'on appelle le talent : mélange original de faculté d'improvisation, de présence vocale et d'air du temps.

José Artur, animateur du « Pop Club » de France Inter, est le recordman absolu du nombre d'heures passées à parler à l'antenne.

Galerie de portrait

On le dit meneur de jeu : il répartit la parole d'une tablée d'invités, simulant les questions d'un auditeur candide grâce à sa spontanéité et son à-propos.

Plus réfléchi, il promène un regard subjectif sur ses thèmes de prédilection ; sa culture générale, assortie d'une bonne plume ou d'une belle maîtrise de la langue, le place en position de chroniqueur.

Au téléphone, il retient, questionne, conseille, mystifie ou renvoie les auditeurs, il exploite l'interactivité, une des plus vieilles recettes de la radio.

Simple disc-jockey, il ponctue d'exclamations positives le ruban musical que la station a déterminé pour la journée. Entre deux *jingles*, sa voix interchangeable ressemble à celle d'un grand frère agité.

> À heure fixe, sa voix pénètre l'intimité. Charmé, le transistor s'allume pour lui donner libre accès au foyer ou dans l'habitacle de la voiture. L'animateur est le séducteur des ondes, le latin-lover électronique.

Quand le téléphone sonne, les auditeurs trinquent

Pour jouer, débattre ou se confier sur les ondes, les auditeurs sont sans cesse sollicités. Seul moyen de dialogue possible, le téléphone fait régulièrement « sauter le standard ». Éloignez votre poste de l'appareil, ça siffle !

Renouer le dialogue
Si l'époque s'accommode d'un « chacun chez soi », les radios redécouvrent le dialogue, comme en témoignent les différentes émissions interactives que lancent les réseaux FM. Certaines émissions totalisent 900 appels quotidiens dont 100 passés à l'antenne, médecine de l'âme pour paumés de la nuit ou adolescents tourmentés, jeu de massacre dans lequel le sexe et la dérision constituent la matière première.

Ce n'est pas la bonne réponse, candidat suivant !

Le jeu constitue une extension naturelle de l'homme, selon MacLuhan, le sociologue des médias. Les radios ne s'y trompent pas, qui en diffusent une quantité industrielle et quotidienne. « Jeu radiophonique » devient presque un pléonasme tant il est vrai qu'il constitue un des premiers facteurs de fidélisation de l'auditoire. Il repose sur le suspense, savamment entretenu par l'animateur et sur les lots, généralement offerts par des annonceurs publicitaires. « Le Schmilblic », caricaturé en son temps par Coluche, reste l'archétype du genre.

C'est à vous, posez votre question !

Le débat spécialisé reprend à son compte le principe de l'agora grecque où le citoyen pouvait discuter de la vie de la cité. Les auditeurs, candides ou lucides, influent sur le déroulement de l'émission en posant des questions ou en apportant des témoignages. Par ce biais, les radios, souvent accusées de confisquer la parole à leur avantage, peuvent jouer leur rôle d'intercesseur entre l'auditoire et l'homme public. Mais dans un registre plus quotidien, l'émission durant laquelle un spécialiste répond aux questions des auditeurs relève, elle, du service.

Qui va là, j'te prie ?

Lorsque l'antenne est ouverte, elle devient le haut-parleur d'auditeurs en manque de dialogue. À cet instant,

Macheprot, l'arnaqueur
Sans conteste, Francis Blanche reste le maître de « l'arnaque » téléphonique. Sous le pseudonyme de Macheprot, il n'avait comme règle que cette devise : « *Il ne suffit pas d'être inutile, encore faut-il être odieux !* »

tous les risques de débordement deviennent possibles. Un premier filtre s'impose au standard où les opérateurs doivent déceler en quelques secondes la nature de l'appel, à charge de l'animateur de contrôler la parole de l'intervenant téléphonique. Lors, la confidence s'installe, les rancœurs s'expriment, et l'auditeur se retrouve souvent en situation de voyeurisme face à un « défouloir » dans lequel s'inscrivent les préoccupations de l'époque.

Bonjour chez vous !

Le gag téléphonique s'appuie sur la crédulité de tout un chacun face à son combiné. Toute la technique consiste en un lent renversement de situation dont l'auditeur est complice. L'art du canular suppose que la conversation téléphonique commence comme un simple appel, émanant de préférence d'une autorité incontestable ; puis, par distorsions successives, la victime est entraînée dans une « logique de fou » où le comique le dispute souvent au mauvais goût.

> De l'auditeur à la radio, il n'y a que quelques unités téléphoniques. Les ondes aiment à se rassurer dans la voix de l'auditoire, l'invisibilité de chacun est propice à toutes les questions.

FORMES   ENJEUX   APPROFONDIR

Les métiers du studio

Comme la lune, la radio a sa face cachée : ceux qui constamment, derrière la vitre du studio, œuvrent pour le bon déroulement des programmes. Afin que l'émission parvienne à l'auditeur, ils balisent le parcours de l'animateur.

Au commencement était l'idée

Le responsable d'antenne, sollicité par les auditeurs, par sa direction, voire par les annonceurs publicitaires, désire inclure une nouvelle émission dans sa grille de programmes.

En fonction du public recherché, il détermine le thème de l'émission et son heure de diffusion. À partir de ce cahier des charges, un réalisateur imagine le déroulement de l'émission, ses rubriques et son style d'animation.

Faites fumer la maquette !

Sous la houlette du réalisateur, un animateur, voire une équipe d'animation, fabrique un numéro zéro, également appelé « maquette ». Pour ce faire, le programmateur lui indique les musiques qui agrémenteront l'émission en accord avec les choix esthétiques de la station. Les techniciens lui composent ses indicatifs, *jingles**, virgules. Le réalisateur ou le directeur des programmes détermine le thème, la relation aux auditeurs, le rythme de l'émission, la proportion entre temps de musique et de parole.

Cette gestation achevée, la maquette revient aux oreilles du directeur d'antenne qui choisit de placer l'émission dans la grille mais se réserve le droit de la déplacer ou de la supprimer.

Antenne dans trente secondes !

Dans le studio, l'animateur s'éclaircit la voix et effectue les tests de micro. Aux manettes de la console de mixage, l'opérateur du son règle les volumes des différentes sources sonores qui viendront se combiner

Montage de la bande magnétique : refaire le monde en trois coups de ciseaux.

durant l'émission. Ses assistants trient et ordonnent les bobineaux*, les disques compacts et autres sources sonores qui défileront bientôt à une allure soutenue.

En retrait, le réalisateur, conducteur en main, vérifie une dernière fois l'ordre de passage des rubriques et lance quelques encouragements dans le casque de l'animateur.

On air !

Sur l'indicatif de début, l'animateur déroule le sommaire et lance la première pause musicale.

Tandis que les standardistes filtrent les appels des auditeurs, le réalisateur envoie des indications à l'animateur : « Tu peux dépasser le temps de la première interview, on attend toujours le "bob" de la 3ᵉ rubrique ! » En catastrophe, un assistant amène le bobineau juste sorti du montage et le cale sur un magnétophone ; l'interview enregistrée démarre après le lancement de l'animateur.

À la fin de l'émission, sur l'indicatif de fin, l'animateur cite toute l'équipe et donne la date du prochain rendez-vous aux auditeurs.

L'émission est à l'heure et elle est excellente, c'est le minimum ! Tel est le défi auquel les techniciens des ondes sont tenus à chaque heure d'antenne.

Si l'urgence est aussi leur métier, ils ne trouvent de reconnaissance que dans le confort d'écoute de l'auditeur.

FORMES **ENJEUX** **APPROFONDIR**

L'habillage d'antenne, une haute couture sonore

Afin d'identifier leurs programmes, les radios les ponctuent de repères sonores ; il s'agit d'avertir du changement de sujet, de signaler le passage horaire mais surtout de relancer l'attention notoirement volatile des auditeurs.

La griffe

L'auditeur a une fâcheuse propension à laisser vagabonder son esprit. Aussi, pour le ramener à l'écoute, l'habillage d'antenne vient-il recapter son attention. Il faut distinguer plusieurs éléments dans l'habillage d'une radio :
– l'identification de l'antenne sous forme de *jingles**
composés d'une courte suite de notes mémorisables dès la première écoute et diffusés principalement à chaque heure. Lorsque le public adopte ces *jingles*, la station en décline l'arrangement musical. Les musiciens en vogue sont souvent invités à composer ces « griffes » sonores. À noter que les grandes marques commerciales disposent, elles aussi, de musiques d'identification pour leur campagne publicitaire ;
– l'indicatif d'émission, qui doit résumer l'état d'esprit et le rythme auquel le programme va se dérouler. Placé au début et à la fin du programme, il s'accorde à la personnalité de l'animateur et séduit d'emblée le public visé ;
– la virgule, instantané sonore de chapitrage d'un programme. Elle permet à l'animateur de changer de sujet et de prendre une respiration. L'auditeur, quant à lui, est brutalement tiré de sa rêverie et averti que le programme continue.

Des *jingles* indélébiles
Certains *jingles* marquent une fois pour toutes le programme d'une station, telles les six notes de la clochette d'Europe 1 qui n'ont pas changé depuis 1955.

Le couturier

Dure tâche que celle de composer des ruptures pour une continuité. Pour cela, le concepteur d'un habillage d'antenne dispose d'une vaste culture musicale et sonore.

TECHNIQUES | HISTOIRES | LES MÉTIE

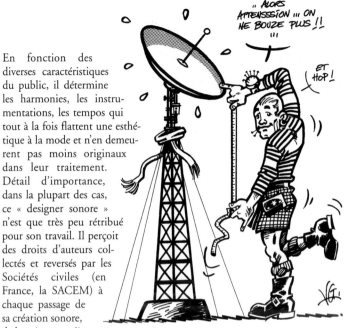

En fonction des diverses caractéristiques du public, il détermine les harmonies, les instrumentations, les tempos qui tout à la fois flattent une esthétique à la mode et n'en demeurent pas moins originaux dans leur traitement. Détail d'importance, dans la plupart des cas, ce « designer sonore » n'est que très peu rétribué pour son travail. Il perçoit des droits d'auteurs collectés et reversés par les Sociétés civiles (en France, la SACEM) à chaque passage de sa création sonore, de la même manière que les autres œuvres musicales.

Audacieux, Eddie Barclay composa, en direct, l'indicatif d'une émission, laissant aux auditeurs le choix de trancher entre les mélodies et les arrangements proposés.

Le défilé d'images

À chaque son l'auditeur associe des images ; les publicitaires le savent, qui jouent sur la complémentarité entre plusieurs médias en opérant un transfert d'images. Les grandes marques commerciales disposent d'une illustration musicale ; la radio ne diffuse que les musiques de ces marques, mais leur évocation projette chez l'auditeur un cinéma intérieur associé aux films publicitaires. Efficacité garantie, certes, mais appauvrissement des techniques lorsqu'on sait que les Anglo-Saxons composaient, dans les années 40, de véritables comédies musicales pour la publicité radiophonique.

> Flatter l'oreille de l'auditeur, lui signaler l'heure et la fréquence sur laquelle il est branché : l'habillage, sous prétexte d'embellir les ondes, tire les sonnettes de Pavlov.

Sketch, dramatique et création

D'aucuns l'appellent le 8e art. Les créateurs, jamais en retard d'une technologie, ont très vite appris à titiller l'imaginaire en manipulant mots, bruits et espaces. Derrière le son se cachent des images.

Le verbe et le bruit

Allumer la radio déclenche un cinéma intérieur. La voix nue d'un animateur fait qu'on lui imagine un visage que la réalité décevrait souvent. Un seul bruit de porte ou de tasse de café dans le studio et l'espace se crée à l'insu de tous. Sans grands moyens, il est donc facile de transposer une situation théâtrale à la radio, la technique se mettant au service du texte.

La gestuelle étant inutile, le comédien doit s'appliquer à faire ressortir le caractère de son personnage par d'infimes détails d'accentuation, de prononciation et de tics, et l'auditeur habille les personnages selon ses propres références.

"MA CASSETTE !! OÙ EST PASSÉE MA CASSETTE !!

En arrière-plan, les bruitages situent l'action dans un espace ou remplacent une description fastidieuse, la musique renforce l'intensité et ponctue l'action. Avant que la télé ne s'impose comme média dominant, la radio fabriquait et diffusait une grande quantité de drames et de feuilletons. Aux États-Unis, ils prenaient le nom de "*soap-opera*" parce que sponsorisés par des marques de lessive.

Les sculpteurs de son

Plus proches de la musique électroacoustique, certains créateurs utilisent les sons comme matière première de création. La combinaison de voix, musiques et fragments sonores déclenche des images, raconte des histoires, porte un regard sur l'environnement quotidien. Élitiste et elliptique, cette technique plus abstraite, proche dans l'esprit du cinéma d'art et d'essai, se veut gardienne d'un langage qui n'appartienne qu'à la radio et porte en germe les formes innovantes de la mise en ondes. Les techniques de montage d'aujourd'hui sont bien souvent inspirés des recherches de la radio de création d'hier.

Le monde en scène

À la croisée du magazine et de la recherche sonore, le documentaire de création dramatise les situations de reportages par une recherche d'ambiances approfondie et propose une mosaïque que l'imagination de l'auditeur recompose. Superposition de voix, évocation de paysages par les sons, phrases tronquées, ruptures de rythme, silences, toutes les audaces, toutes les subjectivités sont permises pour faire sentir des événements et des personnes que de plates descriptions n'approcheraient que de très loin.

L'ère des "*gagmen*"

Plus difficile qu'il n'y paraît, déclencher le rire sur les ondes relève de techniques sophistiquées. La radio française a toujours suscité des vocations de chansonniers que l'on nomme "*gagmen*" outre-Atlantique. L'humour doit, pour « passer à la radio », emprunter au théâtre de l'absurde, aux trucages sonores, à la satire et, de plus, être chronométré avec rigueur ; les effets comiques ne fonctionnent parfois qu'à la demi-seconde près. De ce fait, le gag radio relève à part entière de la création et renouvelle souvent les formes d'émission.

Le prix Italia Chaque année depuis 1950, le prix Italia récompense la meilleure création radiophonique. Pierre Schaeffer, alors directeur artistique de la Radiodiffusion française, a largement contribué à ce que la France soit abonnée au succès.

Seul le prix Italia rappelle, chaque année depuis 1950, que la radio n'oublie pas de cultiver son auditoire. Du son, du rire et des ambiances : le monde appartient à ceux qui savent mettre des images sur les ondes.

Applaudissez, on vous écoute

Transposition électronique du music-hall, l'émission en public transforme le récepteur en salle de spectacle. La constante présence de spectateurs dans les émissions garantit de beaux jours à la radio populaire.

La recette du succès

Qu'elle soit enregistrée dans l'enceinte d'un studio ou retransmise d'un lieu de spectacle, l'émission en public fait partie du décor quotidien, et ce dès l'apparition des premières stations de radiodiffusion.

Si les grandes radios généralistes raffolent du genre, c'est que, bien menées, elles deviennent les locomotives de la grille de programme. L'auditeur aime à se projeter dans cette foule invisible, passant de la perception à la participation sonore.

Modernes jeux du cirque

Les jeux, les musiciens, les chansonniers et même les journalistes se donnent en spectacle. Le double défi que constitue la mise en spectacle de l'émission rassure l'animateur. Les spectateurs sont ses premiers auditeurs, aussi peut-il vérifier, en permanence et à l'applaudimètre, la pertinence de ses propos comme la dynamique de sa prestation. L'émission publique transforme aussi l'écoute. La relation avec l'animateur perd en intimité ce qu'elle gagne en suspense. La corde raide sur laquelle évolue l'animateur, prisonnier de son dispositif, excite l'auditeur ; chacun a conscience du danger démultiplié par la présence du public.

Petite radio de nuit

De l'heure du marchand de sable à celle du laitier, ouvriers, routiers ou insomniaques gardent leur récepteur allumé, laissant à la radio le soin de les guider jusqu'au bout de la nuit.

L'heure des confidences

Propices aux audaces, les émissions nocturnes inspirent les animateurs comme leurs auditeurs ; c'est pourquoi elles font tellement appel à l'interactivité. Les gens de la nuit aiment d'abord la complicité. Le téléphone est, pour l'entretenir, leur meilleur ami. Sollicité pour confier ses malheurs, ses fantasmes, ses réactions, l'auditeur trouve dans les émissions nocturnes des oreilles aussi attentives qu'anonymes. Face à ces bouts d'existence, l'animateur, pourvu d'un grand sens de la repartie, choisit de jouer le rôle de confesseur, de psychanalyste, de professeur de morale ou de père fouettard. Distribuant conseils, paroles d'apaisement ou injonctions, il est témoin de la solitude, voire de la détresse.

L'heure du crime

La nuit adore les histoires. Entre l'enfant qui quémande son conte avant de s'abandonner au sommeil et l'auditeur nocturne, il n'y a pas l'épaisseur pour loger trois balles. La nouvelle policière est, en effet, reine de la nuit.

Hors du temps et de la lumière, peu d'effets suffisent à ces contes modernes pour inspirer le frisson. Une musique atonale, une voix gutturale, quelques pas sur le bitume et l'auditeur campe lui-même son décor. Les bruits diurnes n'interfèrent plus dans cette belle construction cinématographique. Mieux, même les silences, proscrits de l'antenne durant la journée, acquièrent de la valeur. L'imagination s'envole, parfois rattrapée par l'oreiller.

> La nuit, la radio prend des couleurs. Plus grande est la disponibilité de l'auditeur, plus intense est la voix qui guide vers le matin ou le sommeil.

Une longue pause musicale

Sur un air de violon, Reginald Fessenden réalisa la première émission radiodiffusée. L'histoire d'amour entre la radio et la musique n'a connu depuis aucune altération, pour le bonheur des auditeurs qui tiennent la chandelle.

Le ruban sans fin

Nombre de radios dites « thématiques » utilisent comme unique forme le "*Music and News*". La recette en est simple : un fil musical se dévide pendant toute la journée, les *flashes** d'informations ne viennent interrompre cette continuité que comme repère horaire. Cette formule de radio d'accompagnement a depuis longtemps fait ses preuves aux États-Unis ; chaque auditeur peut à loisir composer son environnement quotidien avec la musique qui tour à tour le stimule ou l'apaise. La jeunesse, principal auditoire de la radio, se voit gratifiée de plusieurs stations dévolues à cet usage. Les programmateurs doivent sentir en permanence les revirements de la mode pour adapter leur couleur musicale aux tendances nouvelles, parfois les anticiper, voire, avec audace, les susciter.

L'ingrédient de mise en ondes

Dès lors que la musique ne constitue pas le fond principal d'une émission, on lui reconnaît trois fonctions :
– la pause musicale, destinée à chapitrer un programme. L'auditeur, au cœur d'une émission riche de sens, doit pouvoir souffler pour assimiler le contenu de ce qui vient de lui être exposé, et se préparer à se concentrer sur ce qui va suivre.

Pourquoi prendre d'inutiles risques de programmation ?
Les radios spécialisées dans la diffusion musicale utilisent aujourd'hui le système des sondages avant de mettre un disque à l'antenne. Les chansons sont soumises à un panel d'auditeurs ; ne sont retenus que les titres recueillant reconnaissance et adhésion immédiates.

LE POSTE DE TOUS LES INSTANTS

– QUI AURAIT JAMAIS CRU QU'AVEC UN POSTE *SI PETIT* JE POURRAIS CAPTER UNE MUSIQUE AUSSI PURE DE N'IMPORTE QUEL POSTE ÉTRANGER

TECHNIQUES | HISTOIRES | LES MÉTIER

> " ALORS ... CETTE ÉMISSION SUR LA WORLD-MUSIC, C'EST DANS LA BOÎTE ?!

> ÇA 'OULE, PATWON, ÇA 'OULE !!

La musique est alors choisie selon les critères esthétiques de la station ;
– l'illustration, adaptée à la forme magazine. Elle renforce un sujet par une chanson dont les paroles évoquent le même thème. L'attention s'en trouve sollicitée sans relâche et les références deviennent autant de clins d'œil ;
– l'ambiance, largement utilisée pour renforcer l'intensité d'un texte, se choisit dans un registre instrumental. Elle entre en résonance avec le sujet : tapis électronique simulant les télex pour le sommaire des informations ou nappes atonales d'instruments à cordes pour entretenir un suspense.

« Ce que vous avez à dire est-il plus intéressant qu'une chanson des Beatles ? » **(Note de service de la BBC)**

Un investissement rentable

Nombre de radios d'État disposent d'un orchestre symphonique, prestigieuse manière de contribuer à la création d'œuvres et d'événements. Moins onéreux, le patronage d'événements est monnaie courante, mais plus osée est l'organisation de concerts ou de festivals. À travers l'image de l'artiste, la rencontre avec le public devient alors un précieux moment de communion autour de l'image de la station .

Pour bénéficier de l'impact de l'artiste dans le public, les stations apposent leur logo sur les pochettes des disques, et en retour ces derniers se voient largement promus sur l'antenne. Certaines stations ont franchi le pas pour devenir éditrices à leur tour. La chaîne CBS, aux États-Unis, dépasse de loin ce concept puisqu'on doit même à son service de recherche l'invention du disque microsillon* en 1948. À la fois radio, télé, laboratoire et éditeur discographique, elle réalise, dès les années 30, une concentration verticale dans l'industrie du loisir et de la communication.

Indispensable ingrédient, la musique est intimement liée à l'histoire de la radio. Moderne signe des tribus de la fin du siècle, les tam-tams résonnent sur la FM pour rythmer nos pas vers l'avenir.

Ces émissions qui ont fait l'Histoire

Elles participent au mythe de la radio, et c'est dans leur caractère grave et exceptionnel qu'elles puisent leur célébrité. Émotions sur les ondes...

Dempsey – Carpentier

Le 2 juillet 1921, l'Amérique et la France sont suspendues à l'issue d'un combat de boxe : Jack Dempsey contre Georges Carpentier. Aux États-Unis, par l'entremise de sa station de radio KDKA, le groupe RCA assure pour l'événement la première retransmission sportive. En France, la radio ne connaît pas encore l'essor qu'elle prendra dans les années suivantes, et pour cause : il n'existe pas encore en France de station de radiodiffusion. Pourtant, on promet de connaître et d'annoncer le résultat quelques minutes après la fin du match. Des avions doivent décoller pour signaler le vainqueur du match par des traînées de fumée colorée. Hélas, le champion français tombe au quatrième round. Moins de deux minutes plus tard, sur les boulevards où se sont massés les Parisiens, c'est l'abattement.

Cocardière, la presse du lendemain relate que l'annonce du résultat du match est un succès pour la France : grâce à la TSF inventée par Édouard Branly, la nouvelle a pu être portée du New Jersey en moins de 120 secondes. Pour cause de gloriole de rattrapage, l'Italien Guglielmo Marconi, lui aussi responsable de cette invention, est passé sous silence.

La Guerre des mondes

30 octobre 1938 : Orson Welles, animateur de la Columbia Broadcasting System, sait bien que son programme est moins écouté que celui de la NBC, qui diffuse à la même heure des variétés très populaires. Pourtant, son adaptation de *La Guerre des mondes* du romancier H. G. Wells lui a demandé beaucoup de temps.

« Quoi qu'il arrive, la flamme de la résistance française ne doit pas s'éteindre et ne s'éteindra pas.
Demain comme aujourd'hui, je parlerai à la radio de Londres. »
Extrait de l'Appel du 18 juin 1940.

Lorsqu'en début de soirée, le speaker* annonce la fiction adaptée par le cinéaste, la majorité des auditeurs écoutent la concurrence. Mais à la faveur d'une baisse de la qualité des programmes sur la NBC, une grande partie de l'auditoire zappe sur la dramatique. Stupeur ! Ils entendent un journaliste décrire l'arrivée des Martiens sur terre et les premiers massacres. Alerté à propos de mouvements de panique, le directeur de CBS supplie Orson Welles d'interrompre la diffusion.

Orson Welles au micro de CBS.

Trop tard, le show continue. Le canular fonctionne, l'adaptateur du roman utilise pour cela de grosses ficelles de mise en ondes : l'interruption brutale de programme, le reportage hésitant en direct, les coupures de lignes téléphoniques…

L'Amérique vient de recevoir sa première leçon de radio.

L'Appel du 18 juin

Le 17 juin 1940, sur les ondes de la Radiodiffusion, le maréchal Pétain annonce la capitulation de la France devant l'Allemagne et le début de la collaboration.

Le lendemain, réfugié à Londres, le général de Gaulle met la dernière main à un discours que la BBC accepte de passer sur son antenne. Il pénètre dans les studios, s'assied devant le micro. Le technicien lui demande de faire un essai : « La France ! » se contente-t-il de répondre, fixant le micro comme s'il représentait le pays. Antenne ! L'Histoire est en marche. Pourtant, l'Appel du 18 juin 1940 est moins entendu que lu, relayé qu'il est par de nombreux journaux, affiches et tracts.

Peu d'émissions atteignent le cap de la renommée. Pour avoir marqué le siècle, quelques-unes sont encore dans la mémoire collective. Pour se souvenir, il faut affronter le crachouillis des ondes et la remontée dans le temps.

La radio à l'école

Dans une civilisation de plus en plus marquée par la présence et la pratique quotidienne des « machines à communiquer », l'apprentissage des médias relève de l'éducation de l'enfant et du citoyen. Les radios scolaires en témoignent.

Tracer quelques radios dans la marge

Très vite, dès l'apparition de la radio, les enseignants ont compris qu'ils tenaient avec ce média un outil d'éducation, tant il est vrai qu'aucun ne fait autant appel à la mémoire auditive. Hélas, l'écoute radiophonique laisse peu de traces dans la mémoire, à peine quelques phrases et des concepts désordonnés. Pourtant, dès les années 20, on crée des radios sur les campus américains. La France n'est pas en reste avec Radio Sorbonne, une radio d'enseignement à distance sur laquelle les étudiants peuvent entendre les cours de certains professeurs.

Du programme scolaire à la grille de programme

L'autorisation d'émettre sur la bande FM française va susciter, dans les années 80 en France, des centaines d'ateliers radio dans les établissements scolaires. Souvent bricolés avec les moyens du bord, mais furieusement portés par des enseignants convaincus, ils débouchent, pour une dizaine d'entre eux, sur la création de véritables radios en milieu scolaire. S'il ne s'agit pas d'écoles de la radio, les élèves et les professeurs mettent tout leur sérieux à construire des programmes aussi bien accessibles au public que formateurs pour les têtes blondes. Reportage, représentation dramatique, revue de presse, magazine, billet d'humeur ; on convoque toutes les formes d'émission pour approfondir des notions évoquées dans les cours plus « officiels ».

Sérieux comme un enfant qui s'amuse…

Difficile, certes, d'assurer une antenne régulière lorsque le programme scolaire laisse peu de marge pour de nou-

velles expériences pédagogiques ; difficultés financières et administratives aussi, car une radio associative ne peut se gérer comme un simple foyer scolaire. Pourtant, on y voit des élèves partir en reportage à l'étranger, des échanges de programmes, des stages en commun, des rencontres nationales. Autant de pratiques empruntées aux radios professionnelles, et que les élèves assument la plupart du temps avec une étonnante constance. Il est vrai que tenir l'antenne de la radio de l'établissement est bien plus motivant que de plancher sur le prochain contrôle d'anglais. Nombre de professeurs en témoignent cependant, on a vu des élèves raccrocher à leurs études après une expérience radiophonique.

Aux ondes, citoyens !

Au-delà de l'image du professeur peinant sur la difficulté d'accorder un programme musical avec un très sérieux reportage sur les métiers de la mer, réalisé par ses élèves de quatrième, les enjeux de ces radios vont beaucoup plus loin. La radio, par sa relative accessibilité financière, permet l'expérience des médias en grandeur nature, alors que la télé reste souvent un vœu pieux. Plus encore, lorsque les actions pédagogiques sont bien menées, la radio en milieu scolaire devient un travail de décodage du monde et de la communication moderne. Si l'on considère le temps passé en compagnie des médias électroniques par chaque individu, la pratique et l'analyse, dès l'école, de la communication radiophonique devient, au même titre que l'instruction civique, un apprentissage de la citoyenneté.

> Souvent expérimentales, les radios scolaires sont de véritables lieux d'apprentissage, au moins de la communication, au mieux de la citoyenneté.

Une certaine idée de la jeunesse

Communier avec les tubes ou communiquer ses problèmes : sur cette dualité, les stations oscillent en matière de programme jeune depuis l'invention de l'adolescence.

Génération transistor

Entre les années 30 et 50, les jeunes voient leur pouvoir d'achat doubler lorsque celui des adultes ne fait qu'augmenter du tiers. Avec la révolution technique que constitue l'avènement du transistor et du microsillon*, une nouvelle population – planétaire – s'affirme : les adolescents. Si l'industrie discographique profite de ces innovations et de l'apparition de nouvelles musiques pour se structurer et s'enrichir, la radio ne reste pas inactive. Dès les années 50, la plupart des stations commencent à programmer des émissions musicales. La plus célèbre en France reste définitivement « Salut Les Copains », « SLC » pour les initiés, que consacre le concert de la place de la Nation en 63.

Le *disc-jockey* – prononcez « didji » – devient roi de

l'antenne, son babil surexcité renvoyant le pompeux speaker* et sa lecture surannée aux oubliettes de la radiodiffusion.

Le monde appartient-il à ceux qui le discutent ?

C'est naturellement que les radios, qui ont accompagné les adolescents dans leur quête de musiques, se retrouvent aux côtés de la jeunesse lorsque les années 60 voient fleurir slogans et nouvelles idées. Mieux, certaines émissions incitent à la réflexion, proposent, sous l'égide de jeunes animateurs, sinon de refaire le monde, du moins de le discuter. Que l'époque soit à la contestation ou à la consommation, la radio, reflet immédiat des aspirations et du quotidien, emboîte le pas. Les étudiants de mai 68 ne s'y trompent pas, qui utilisent les stations périphériques pour mobiliser et parfois même organiser des manifestations, voire comme outil logistique durant les chaudes journées du Quartier latin.

Tranches de vie

Grâce à ses lignes ouvertes au dialogue, quel média plus que la radio peut, sous couvert du relatif anonymat de la voix, permettre autant de liberté de parole ? Des longueurs d'antenne aux langueurs de l'adolescence, il n'y a qu'un pas. Les radios FM ont trouvé dans l'exploitation de la « solidaritude » adolescente un filon exploitable à l'infini. Les animateurs, escortés d'autorités morales, qu'elles soient pornographes ou médicales, n'ont même pas à solliciter les appels, mais seulement à les ajuster aux nécessités temporelles de la station. Il n'est rien d'aussi réjouissant que d'y venir jouer un rôle. Exutoire des angoisses et des turpitudes annoncées à l'antenne, la radio offre à l'adolescent la possibilité de se regarder à loisir dans le miroir de son mal-être. Mais s'il est vrai que la radio se veut l'exact reflet de son époque, elle perd parfois le sens des choses pour confondre ce qui relève de la discussion et de la confidence avec le forum public, si électronique et impersonnel soit-il.

Y a-t-il expérience plus intime que l'écoute solitaire de sa station préférée ? La radio, exclusive, satisfait ce désir. Aujourd'hui, elle répond sous différentes formes aux préoccupations des adolescents.

Annonceur achèterait minute d'espace-temps

Les grandes batailles de la radio n'ont pas lieu sur le front de l'information mais sur celui de la publicité. Au centre, les masses d'argent financent les programmes et sanctionnent l'écoute.

Dans la cible

Les grandes agences publicitaires se sont engagées dans la radio dès l'apparition du média, lorsqu'elles n'ont pas, pour certaines, porté des stations sur les fonts baptismaux. Avec une consommation quotidienne variant entre deux et trois heures de radio, l'individu moderne constitue une cible de choix pour le marketing. Les radios connaissent parfaitement les habitudes de leurs auditeurs. Aussi peuvent-elles proposer des tranches pour la diffusion de campagnes publicitaires. Entre 7 h 45 et 8 h 15, on préférera promouvoir une automobile haut de gamme, tandis que la fin de la matinée est plus favorable à l'électroménager. Les fins d'après-midi sont, quant à elles, réservées aux concerts et aux disques.

Les radios ne constituent toutefois qu'un appoint dans les campagnes publicitaires. D'abord parce que la mémoire de l'auditeur étant trop courte, il faut inlassablement répéter le message. Ensuite parce que, faute de pouvoir montrer le produit, les publicités radiophoniques viennent souvent en complément des *spots** télévisés.

Les pieds dans le programme

Déjà dans les débuts de la radio, les annonceurs sponsorisaient les programmes. L'émission portait alors parfois le nom de la marque. Dans « Les Fiancés de Byrrh », par exemple, le célèbre apéritif offrait des cadeaux aux participants d'un jeu qui rappelle celui d'« Une Famille en or ». Sur le même principe, les centrales d'achat d'espaces publicitaires évoquent mainte-

« MMH »

« ALLONS » ALLONS »
VOUS ALLEZ BIEN
ME TROUVER UNE
PETITE PLAGE »

nant des émissions « à fort contenu marketing ». Il est tentant, afin de mieux capter un public, de pouvoir lui proposer un ensemble comportant une émission basée sur ses centres d'intérêt et des publicités adaptées à ses habitudes d'achat. Sur les conseils d'une centrale d'achat, une radio peut lancer une émission sur les sports extrêmes en s'assurant d'une pré-vente d'achat d'espaces par des magasins spécialisés en accessoires.

Filles (de régie) de pub

Les régies, chargées de collecter la manne publicitaire radiophonique, gèrent les espaces de plusieurs radios à la fois. Les plus grandes peuvent faire valoir aux annonceurs la simultanéité d'un passage sur une grande station généraliste et plusieurs réseaux thématiques. Les régies, soit créées par les radios, soit actionnaires de celles-ci, peuvent cumuler, par un étrange calcul mathématique, plus d'auditeurs qu'il n'y a de personnes dans la zone d'écoute des stations. Les grands consommateurs de radio sautent d'une station généraliste en matinée vers une radio thématique pour l'accompagnement sonore de la journée.

À terme, par regroupement des régies publicitaires, d'énormes entreprises radiophoniques sont en train de renaître. Les achats d'espaces publicitaires sur les grandes radios généralistes avaient été, au moment de l'explosion de la FM, momentanément ralentis. Par concentration des régies, les annonceurs sont rentrés au bercail, car derrière elles on trouve les mêmes stations qui ont fait la radio depuis les années 50 et parfois même avant la guerre.

Les budgets publicitaires vont aux plus grosses audiences. Quand les maigres s'empiffrent, les gros se regroupent pour ne laisser passer aucune miette. Les régies sont là pour ça.

La radio nous regarde

Elle peut accompagner chacun, à chaque heure de la journée. Pour s'être adaptée aux modes de vie, la radio témoigne de l'accélération du temps et du morcellement de la société.

La radio tous publics

On se souvient de l'écoute collective de la radio, plantée, telle l'horloge, dans la pièce principale du foyer. Le programme s'adresse alors à l'ensemble de la famille et peut durer des heures. Après la Deuxième Guerre mondiale, le monde occidental se modernise et s'enrichit. "*Baby-boom*", « Trente Glorieuses », société de consommation, autant de facteurs qui modifient la donne sociale et que la radio, fidèle miroir, reflète dans ses programmes.

Un auditoire éclaté

La radio commence à fractionner le public en plusieurs catégories dans les années 50. La ménagère du matin et les adolescents du soir permettent d'expérimenter les premiers ciblages* de programme. La désacralisation du temps des repas, l'augmentation des tâches et des trajets quotidiens réduisent le temps des plages d'écoute mais en multiplient le nombre. L'explosion du marché de l'automobile et l'aménagement du réseau routier consacrent un nouveau lieu d'écoute : quatre voitures sur cinq sont équipées d'un autoradio. La vie ne s'arrête plus pour une émission, la radio se fabrique selon la disponibilité des auditeurs.

Le rendez-vous du matin reste le *prime-time*.

"BONJOUR CHERS AMIS !
" BIENVENUE SUR RADIO
BONNEMINE POUR DÉMARRER
LA JOURNÉE DANS
LA JOIE ET LA
BONNE HUMEUR !!"

?!

TECHNIQUES   HISTOIRES   LES MÉTIER

La baby-sitter du matin

Entre 6 h 30 et 9 h, le douloureux radio-réveil, le transistor posé sur la table du petit déjeuner et l'autoradio d'embouteillages commentent l'actualité. Au moment où l'on revient à la vie, il est rassurant d'entendre que le monde n'a pas cessé de tourner. Mais, partagée entre la toilette, les tartines, l'habillage et le trajet vers le travail, l'attention portée à la radio est fractionnée en plusieurs plages. Des sondages ont décomposé chacun de ces moments, quart d'heure par quart d'heure. Aussi, le début de la matinée constitue-t-il une mosaïque de courtes chroniques et de brefs journaux. À mesure que la matinée avance, le rythme se ralentit car seuls restent à l'écoute ceux dont l'activité permet l'usage du fond sonore. Les radios généralistes sont les reines de la matinée, leurs grandes rédactions servent à alimenter cette tranche bénie par les annonces publicitaires.

La compagne du soir

Pendant le retour vers le domicile, les arrêts destinés aux achats, la préparation du repas, la radio fait le point sur les événements de la journée. Place aux analyses, aux tribunes politiques ; il s'agit, avant la mise en images de la télé, d'avoir son point de vue sur la marche du monde. Dans cette fonction encore, les généralistes excellent. Toutefois, au même moment, dans leur chambre, adolescents et jeunes adultes allument leur poste ou leur baladeur. Bulle sonore dans laquelle l'adolescent peut à loisir se concentrer, mélange furieux de musiques et de *jingles**.

La confidente de la nuit

À l'heure des programmes de la soirée, la radio disparaît dans les sondages mais fait l'objet d'une très haute fidélité. Ceux qui persistent dans l'écoute sont jeunes en très grande majorité. Lignes ouvertes, séries de longs reportages, les radios prennent le temps de développer leur sujet. Seuls les passionnés sont à l'écoute, la contrainte temporelle a disparu.

Radio du matin, salle de bain. Radio du soir, tous aux mangeoires ! Si les émissions s'adaptent si bien à nos horaires, c'est que les programmateurs connaissent parfaitement nos rythmes de vie.

À l'amour comme à la guerre

Les gens de radio n'ont pas cru que la télé pourrait un jour lui porter ombrage. En quelques années pourtant, la géante a tout englouti, et publicités, hommes et audience sont passés du côté du petit écran.

Publicité

La course à l'audience dans laquelle se sont engagées les télés contre les radios fait la part belle à « l'étrange lucarne* ». Le marché publicitaire constitue le principal enjeu de ce combat ; les radios restent encore maîtresses de la tranche 6 h 30-8 h 30 du matin mais sont distancées en soirée. Dans ces deux cas, les adultes constituent la cible. Le public jeune, disponible en début de soirée, fait l'objet d'une cour assidue des deux parties. Feuilleton et star d'un côté contre musique et convivialité de l'autre, les sondages tranchent et les annonceurs suivent le gagnant. La publicité toutefois sait jouer sur les réflexes du téléspectateur-auditeur.

Les chasseurs de scoop

La rapidité de couverture de l'information a souvent été le cheval de bataille de la radio. Aujourd'hui, avec des moyens vidéo légers, les journalistes reporters d'images arrivent sur les lieux en même temps que leurs confrères. Cependant, alors qu'il leur faut attendre le journal télévisé pour en rendre compte, la radio a parfois déjà transmis l'événement plusieurs fois à ses auditeurs durant les *flashes** horaires. Le placement des journaux dans les grilles de programmes radiophoniques se doit de jouer sur ce décalage horaire. L'information du public se répartit alors naturellement : la télé, bousculée par le zapping, aligne rapidement des images, la radio, plus à l'aise avec le temps, privilégie le commentaire et le dialogue.

À l'instar de la radio toutefois, la télé n'hésite plus à bouleverser son programme lors de crises internationales graves.

La loi de la concentration

Les entreprises de communication diversifient leurs investissements ; aussi, il n'est pas rare de voir un groupe posséder une radio et une télé. Par stratégie, ces médias vont éviter la concurrence directe. La Compagnie luxembourgeoise de télévision par exemple, dont RTL fait partie, axe ses programmes sur un public familial et privilégie l'information, tandis que M6 cible les jeunes à grand renfort de séries spécialisées et de musique. Sur certains événements toutefois, télés et radios s'accordent : retransmission stéréophonique de concerts, prêt de standard téléphonique pour de grandes opérations caritatives ou interviews politiques en période électorale.

Du micro à la caméra

Les professionnels participent à cette âpre concurrence et n'hésitent pas à monnayer leur prestation en passant d'une radio à une télé et *vice versa*. Journalistes, animateurs et éditorialistes font parfois le va-et-vient d'une chaîne à une station dans la même journée. À leur décharge, il faut reconnaître que la célébrité n'a qu'un temps et que de surcroît les médias se servent de leur notoriété pour engranger de l'audience… et de la publicité. La boucle est bouclée.

> Même si leur audience ne correspond pas aux mêmes horaires, la radio et la télé luttent toujours pour affirmer leur suprématie sur le front de l'information et de la distraction. La pub est à ce prix.

La guerre de l'espace

La diffusion hertzienne internationale est l'affaire des grandes puissances politiques et financières. L'enjeu est trop important pour être confié aux saltimbanques de la radio.

Ondes sous influence

Les grandes nations tiennent à maintenir dans des zones d'influence des médias porteurs de leur système de valeur et de pensée. Les satellites de radiocommunication, au-delà de l'enjeu technologique qu'ils représentent, ont pour fonction d'assurer le rayonnement de ces puissances politiques. L'anglaise BBC, l'allemande Deutsche Welle ou la très politique Voice of America ne sont pas d'innocents robinets à musique mais bel et bien des relais hertziens d'influence sur l'ensemble de la planète.

Twist again à Moscou

Durant la guerre froide, les États-Unis utilisent la radio à des fins de propagande. Sachant que le Rock and Roll est son meilleur allié dans cette entreprise de déstabilisation du communisme, Voice of America diffuse massivement des informations et les tubes de la grosse « artillerie » de l'industrie discographique *yankee* en direction des pays de l'Est. Après la construction du « rideau de fer », la CIA monte Radio Free Europe à Munich qui est destinée, elle aussi, aux pays socialistes. À Moscou, malgré l'interdiction et le brouillage, on danse, dès les années 50, sur les succès d'Elvis Presley. Implantées en URSS, des stations émettant en plusieurs langues contre-attaquent en diffusant des appels à la révolution mondiale.

Ondes courtes, idées longuement colportées.

ECOUTEZ MOSCOU
Oui, mais sur un poste fabriqué par la Coopérative de T.S.F.,
31, rue Doudeauville, Paris (18ᵉ).
9 années d'existence et un succès sans précédent avec son
INTERNATIONAL 5 LAMPES **995** fr.
TOUTES ONDES
Pas de bluff ! de la qualité pour un prix modique
FACILITÉ DE PAIEMENT — GARANTIE 1 AN
Remise importante aux lecteurs de l' « Humanité » et aux membres des organisations ouvrières.
La C. O. T. S. F. a également un choix important de disques prolétariens (« L'Internationale », « La Jeune Garde », « La Carmagnole », etc.,
ainsi que la voix des meilleurs militants du Parti communiste).

Les voix de la France

Élément de la politique internationale de la France, RFI (Radio France Internationale), dotée d'une rédaction de 270 journalistes et parlant plus de 17 langues, représente le pays sur les cinq continents. Afin d'éviter son cantonnement aux ondes courtes et moyennes, une politique d'installation de réémetteurs en FM est menée aujourd'hui sur l'ensemble de la planète. Sa zone d'influence privilégiée se situe dans l'Afrique francophone où nombre de radios reprennent ses programmes.

Plus complexe mais aussi politique est le rôle de la SOFIRAD. La Société financière de la Radiodiffusion, holding d'État créée en 1942, contrôle les parts de Radio Monte-Carlo, mais aussi de RMC Moyen-Orient et détient des parts d'Africa N° 1 au Gabon ou de Radio Méditerranée Internationale (Médi 1) au Maroc. On touche là aux ressorts de la politique africaine de la France dont l'histoire se confond parfois avec l'histoire coloniale.

La diffusion hertzienne permet d'affirmer sa vision de la marche du monde. À la clé, se joue l'influence des grandes puissances politiques de la planète. Le satellite est l'arme de demain, malheur à ceux qui ne peuvent y faire accéder leur parole.

La dérive des sentiments

Le philosophe des médias Marshall MacLuhan explique que la radio contient une charge explosive pour les peuples analphabètes. L'écoute radio peut devenir une communion avec la voix et le son. Attention aux effets secondaires.

⌐Les plaies de l'histoire

« *Nous allons faire un chef-d'œuvre de propagande !* » Ainsi s'exprime Gœbbels, ministre de la Propagande d'Hitler, lors de l'accession des nazis au pouvoir en 1933. L'Histoire rend compte de l'ampleur du succès. Si, pour seule source d'information sur le monde, il n'y a plus que cette voix qui vient, à heure fixe, assurer du bien-fondé de sa vision du monde ? Et si l'écoute d'autres sources d'information est interdite, impossible techniquement

voire réprimée ? Si aucune opinion divergente ne peut être entendue sur les ondes ?

Ainsi se construit le modèle de propagande du IIIᵉ Reich. Pour parer à toute écoute de sources extérieures, l'industrie radioélectrique allemande est priée par le pouvoir de construire un poste de radio ne pouvant recevoir qu'une seule fréquence.

La méthode

Il serait bien facile d'accuser le média lui-même de manipulation : seuls ceux qui le manipulent connaissent l'explosivité des messages. En outre, Gœbbels aimait à dire qu'un mensonge, maintes fois répété, finit par devenir une vérité. L'écoute radiophonique ne constituant pas, à l'inverse du cinéma, une expérience sensorielle riche, seule la répétition permet l'imprégnation, les publicitaires le savent. Par contre, sa capacité à déclencher des images et des sentiments est bien supérieure aux autres médias. C'est bien ce que les dictatures savent ; les coups d'État commencent toujours par la prise de la station de radio. Par la familiarité du dispositif et la simplicité des messages, l'invisible voix radiophonique induit, sinon la véracité des informations qu'elle délivre, du moins une rassurante sensation de quotidien.

Manipulation ?

La radio n'est pas responsable de la Shoah, pas plus que des massacres au Rwanda ou de la partition de la Yougoslavie. Mais le monopole de la Volksrundfunk durant les années 30 en Allemagne, ainsi que son exaltation de l'âme allemande, ont largement contribué à l'embrigadement de la population.

On sait aussi qu'au Rwanda la Radio des Mille Collines a, pendant des mois avant la guerre civile de 1993, appelé au massacre des Tutsis. Il faut savoir également que la Yougoslavie a permis le développement dans les années 70 de réseaux de radios fortement nationalistes dans chacun de ses États.

« Petite boîte que j'ai serrée contre moi dans ma fuite pour que tes soupapes ne se brisent point, transportée de maison en bateau et de bateau en train pour que mes ennemis puissent continuer, près de mon lit, à ma douleur jusqu'au seuil de la nuit et dès mon réveil, de me parler de leurs victoires et de mes misères, promets-moi de ne pas devenir muette tout d'un coup. »
Bertolt Brecht

Cette voix qui résonne dans ma tête, est-ce la mienne ou est-ce l'appel des ondes qui me dépossède de mon sens critique ? Faut-il baisser le volume du transistor pour retrouver la raison contre la voix du sang ?

Les mots de la radio

Bobineau : la bande magnétique, inventée dans les années 30, permet le montage du son par coupure au ciseau. Les rubans de bandes magnétiques se présentent sous la forme de bobines que les professionnels nomment « bobineaux » ou « bobs » en abrégé.

Chansonniers : à l'origine, les chroniqueurs du music-hall exerçaient leur critique sur les faits de société en chansons. Le terme est resté pour la radio. Sur les radios généralistes, le dimanche matin radiophonique est, aujourd'hui encore, occupé par des chansonniers.

Ciblage : adapter une émission à une catégorie de population que l'on veut toucher.

Console de mélange/de mixage : sur la console ou table de mixage, les sources sonores sont corrigées et mélangées grâce à des potentiomètres. Les consoles radio peuvent, à distance, déclencher l'envoi de machines extérieures, ainsi un seul technicien-régisseur se retrouve-t-il en homme orchestre, contrôlant plus d'une dizaine de machines par une simple pression du doigt.

Dynamique : écart entre les sons faibles et les sons forts. Une des principales difficultés de la reproduction des sons consiste à retrouver une échelle artificielle pour donner l'impression de dynamique.

Étrange lucarne : télévision. On doit cette savoureuse appellation à Moisan, journaliste-dessinateur au *Canard enchaîné*.

Flash : court bulletin d'information radio réalisé à base d'informations en bref. En cas de crise grave, une radio peut lancer un *flash* exceptionnel avant de reprendre la suite des programmes.

Jingle : en français *jingle* signifie tintement. Nombre d'entre eux étaient, il est vrai, réalisés auparavant à l'aide de vibraphones. En 1983, le ministère de la Communication, soucieux de moderniser la langue française, proposa pour le remplacer le mot « sonal », très peu usité chez les professionnels.

Marronnier : chaque année, à la même date, se déroulent des événements prévisibles : rentrée scolaire, fête nationale, passage de saison, etc. ; la couverture informative de ces « marronniers » est souvent l'occasion pour les jeunes journalistes de faire un exercice de style.

TECHNIQUES | HISTOIRES | LES MÉTIE

Microsillon : le vieux disque de vinyle noir, relégué aux archives depuis l'explosion du disque compact, eut son heure de gloire des années 50 aux années 80. Remplaçant la cire, très cassante et éphémère, des 78 tours au large sillon, il a permis sur un support de plastique de graver avec une plus grande fidélité et surtout, du fait de la finesse du sillon, d'enregistrer plus longtemps sur chaque face.

Mise en ondes : le terme date de l'âge d'or de la radiodiffusion. À cette époque, le metteur en ondes était une sorte de réalisateur technico-artistique. Il pouvait choisir les musiques, réécrire un texte, diriger des acteurs, prévoir un bruitage précis, indiquer le rythme de l'émission… La mise en ondes consiste aujourd'hui à agencer les différents éléments d'une émission, généralement sans le talent des metteurs en ondes.

Réverbération : la vibration de l'air que produit chaque son parvient à nos oreilles, directement et par retour des surfaces des murs entre lesquels nous nous trouvons. Certains matériaux de construction et de revêtement sont dits « absorbants » lorsqu'ils retiennent une grande quantité de vibrations, d'autres « réfléchissants » lorsqu'ils les renvoient. La réverbération provient du renvoi des vibrations sonores par des surfaces réfléchissantes.

Speaker : du verbe anglais *to speak* : parler. Les speakers, au début de la radio, étaient seuls à parler sur les ondes. Ils étaient recrutés sur la base d'une sélection qui exigeait richesse du timbre de voix, élocution parfaite et culture générale. Toutefois, leur ton était affecté. « *Rien ne donne mieux l'impression d'un imbécile parfait que l'élocution prétentieuse d'un speaker* » disait Paul Léautaud.

Spot : message publicitaire. Le terme s'emploie pour la radio et la télévision.

Transistor : inventé par les Américains dans les années 50, il succède à la lampe d'amplification. De par sa taille réduite, il allège le poste de radio qui prend par assimilation le même nom.

Bibliographie

MacLuhan (Marshall), *Pour comprendre les médias*, coll. « Point Civilisation », Le Seuil, 1964.
Un ouvrage sur le sens et les enjeux des médias par l'un des théoriciens les plus importants.

Remonté (Jean-François), *Les Années radio*, L'Arpenteur, 1989.
Les émissions et les animateurs depuis la Libération, par un réalisateur passionné de Radio France.

Cojean (Annick), Eskenazi (Franck), *FM : La Folle Histoire des radios libres*, Grasset.
Reportage vivant sur l'explosion de la FM en France.

L'Empire agité de la radio-télé, « Les dossiers du *Canard enchaîné* », 1983.
La face cachée des médias en France lors du premier septennat de François Mitterrand.

Sabbagh (Antoine), *Rendez-vous sur les ondes*, coll. « Découvertes », Gallimard, 1994.

Kreicher (Roger), *22, rue Bayard*, Hachette, 1994.
Souvenirs complaisants d'un ancien directeur artistique de RTL, un témoignage sur quarante ans de radio périphérique.

Les Radios locales en Europe, INA, « La Documentation française », 1978.
Un tour d'horizon précis avant le chambardement des années 80-90.

Les Grandes Heures de la radio, Coffret 4 CD et livre, Phonurgia Nova/INA, 1989.
Un document exceptionnel sur l'âge d'or de la création radiophonique française.

Dac (Pierre), *Ici Londres, Pierre Dac vous parle*, Pierre Trémois (rare), 1945.
Des chroniques de la célèbre émission : *Les Français parlent aux Français*.

Amouroux (Henry), *La Grande Histoire des Français sous l'Occupation, Le Peuple réveillé, Juin 1940-Avril 1942*, Robert Laffont, 1979.
Comprend l'épisode de la radio de la Résistance à Londres.

L'État des médias, sous la direction de Jean-Marie Charon, La Découverte, 1991.
Une somme de renseignements sur les médias dans le monde.

Filmographie

Tout le monde il est beau, tout le monde il est gentil, de Jean Yanne.
La cruelle satire des radios périphériques des années 70.

Radio Days, de Woody Allen.
Une évocation nostalgique de la magie des ondes.

Radio-corbeau, d'Yves Boisset.
Psychodrame dans un village, une radio pirate se mêle d'histoires enfouies.

Tandem, de Patrice Leconte.
Fin de parcours d'un animateur de jeu vieillissant, dans lequel on reconnaît sans mal Lucien Jeunesse.

Talk Radio, d'Oliver Stone.
Une mise en question des « lignes ouvertes » à l'antenne.

Milou en mai, de Louis Malle.
Par les échos de mai 68 entendus sur les ondes, une famille sombre dans la folie.

Adresses utiles

ARCCOS (Atelier de réalisation de création et de communication sociale).
Direction départementale Jeunesse et Sports de la Haute-Garonne, cité administrative, boulevard Armand-Duportal 31000 Toulouse.
Des stages pour les polyvalents des radios locales et des interventions dans les stations.

CFPJ (Centre de formation et perfectionnement des journalistes).
33, rue du Louvre
75002 Paris.
Toutes les facettes du journalisme dont un cycle de formation spécialisé « journalisme radio ».

INA (Institut national de l'Audiovisuel).
L'organisme d'État qui forme les professionnels du service public. Certains stages sont accessibles aux « radioteurs » mais… très chers !

Studio-École de France.
Un cycle de formation en deux ans par des professionnels des grandes radios.

Rencontres

Université de la radio d'Arles.
Les grandes rencontres ont lieu au mois de juillet : des stages, des débats et l'actualité de la radio de création.

Université d'été de la Communication.
Le rendez-vous des professionnels avant la rentrée, pour débattre des enjeux de la communication d'aujourd'hui et de demain

Index des noms propres

Le numéro de renvoi correspond à la double page.

TECHNIQUES   HISTOIRES   LES MÉTIE

Dans la même collection :

Responsable éditorial : Bernard Garaude

Directeur de collection – édition : Dominique Auzel

Secrétariat d'édition : Mathilde Fournier, Véronique Sucère

Correction – Révision : Jacques Devert

Lecture – collaboration : Pierre Casanova

Iconographie : Sandrine Guillemard

Fabrication : Isabelle Gaudon, Hélène Zanolla

Conception graphique : Bruno Douin

Couverture : Olivier Huette

Maquette : Jean-Paul René

Illustrations : Jean-François Bardini

Crédit photos :

Dominique Chauvet – Milan : pp. 3, 7, 8, 9, 12, 13, 15, 21, 25, 28, 33, 59, 62, 63 / Archives
Photos France : p. 5 / L'Illustration – Sygma : p. 4 / DR : pp. 6, 10, 11, 13, 19, 29, 40, 43, 54,
55 / Bibliothèque nationale : p. 17 / Keystone : p. 16 / Sygma : p. 27

Remerciements

Merci à Lucien, mon père, pour ses inépuisables archives, à Lyne pour son regard critique et à la
radio pour son indispensable pia-pia.

Aubin Imprimeur, 86240 Ligugé. — D.L. décembre 1995. — Impr. P 50600